essentials

Essentials liefern aktuelles Wissen in konzentrierter Form. Die Essenz dessen, worauf es als „State-of-the-Art" in der gegenwärtigen Fachdiskussion oder in der Praxis ankommt. Essentials informieren schnell, unkompliziert und verständlich.

* als Einführung in ein aktuelles Thema aus Ihrem Fachgebiet
* als Einstieg in ein für Sie noch unbekanntes Themenfeld
* als Einblick, um zum Thema mitreden zu können.

Die Bücher in elektronischer und gedruckter Form bringen das Expertenwissen von Springer-Fachautoren kompakt zur Darstellung. Sie sind besonders für die Nutzung als eBook auf Tablet-PCs, eBook-Readern und Smartphones geeignet.

Essentials: Wissensbausteine aus Wirtschaft und Gesellschaft, Medizin, Psychologie und Gesundheitsberufen, Technik und Naturwissenschaften. Von renommierten Autoren der Verlagsmarken Springer Gabler, Springer VS, Springer Medizin, Springer Spektrum, Springer Vieweg und Springer Psychologie.

Elke Döring-Seipel
Ernst-Dieter Lantermann

Komplexitäts-management

Psychologische Erkenntnisse zu einer
zentralen Führungsaufgabe

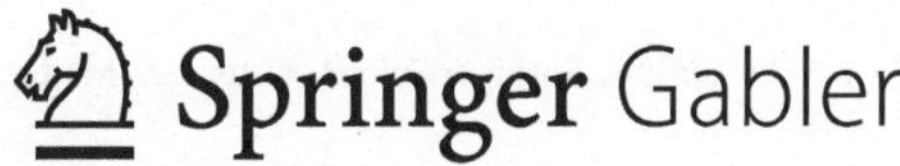

Dr. Elke Döring-Seipel
Universität Kassel
Kassel
Deutschland

Prof. Dr. Ernst-Dieter Lantermann
Dolle & Lantermann – Praxis für
Organisationsentwicklung
Kassel
Deutschland

ISSN 2197-6708 ISSN 2197-6716 (electronic)
essentials
ISBN 978-3-658-08657-2 ISBN 978-3-658-08658-9 (eBook)
DOI 10.1007/978-3-658-08658-9

Die Deutsche Nationalbibliothek verzeichnet diese Publikation in der Deutschen Nationalbibliografie; detaillierte bibliografische Daten sind im Internet über http://dnb.d-nb.de abrufbar.

Springer Gabler
© Springer Fachmedien Wiesbaden 2015
Das Werk einschließlich aller seiner Teile ist urheberrechtlich geschützt. Jede Verwertung, die nicht ausdrücklich vom Urheberrechtsgesetz zugelassen ist, bedarf der vorherigen Zustimmung des Verlags. Das gilt insbesondere für Vervielfältigungen, Bearbeitungen, Übersetzungen, Mikroverfilmungen und die Einspeicherung und Verarbeitung in elektronischen Systemen.
Die Wiedergabe von Gebrauchsnamen, Handelsnamen, Warenbezeichnungen usw. in diesem Werk berechtigt auch ohne besondere Kennzeichnung nicht zu der Annahme, dass solche Namen im Sinne der Warenzeichen- und Markenschutz-Gesetzgebung als frei zu betrachten wären und daher von jedermann benutzt werden dürften.
Der Verlag, die Autoren und die Herausgeber gehen davon aus, dass die Angaben und Informationen in diesem Werk zum Zeitpunkt der Veröffentlichung vollständig und korrekt sind. Weder der Verlag noch die Autoren oder die Herausgeber übernehmen, ausdrücklich oder implizit, Gewähr für den Inhalt des Werkes, etwaige Fehler oder Äußerungen.

Gedruckt auf säurefreiem und chlorfrei gebleichtem Papier

Springer Fachmedien Wiesbaden ist Teil der Fachverlagsgruppe Springer Science+Business Media
(www.springer.com)

Was Sie in diesem Essential finden können

- Eine Analyse des Zusammenhangs von Komplexität und Unsicherheit
- Psychologische Gründe für Komplexitätsreduzierungsstrategien
- Antworten auf die Frage nach individuellen Kompetenzen für gelingendes Komplexitätsmanagement
- Begründungen für veränderte Anforderungen an eine „gute Führung" und an Unternehmen unter der Bedingung hoher Komplexität

Vorwort

Bei diesem Essential handelt es sich um eine erweiterte Fassung des Beitrags von Döring-Seipel & Lantermann „Komplexität – eine Herausforderung für Unternehmen und Führungskräfte", der in dem von Sven Grote herausgegebenen Werk „Zukunft der Führung" (2012) erschienen ist.

Inhaltsverzeichnis

Einleitung 1

Unternehmen stehen heute mehr denn je vor der Herausforderung, auf die zunehmende Komplexität in der Gesellschaft und auf den Märkten, aber auch auf ihre eigene wachsende Binnenkomplexität mit veränderten Strategien, Geschäftsmodellen, Managementprozessen und Organisationsstrukturen zu antworten. Gelingendes Komplexitätsmanagement wird immer mehr zu einem wesentlichen Erfolgsfaktor – und gleichzeitig zu einer essenziellen unternehmerischen Herausforderung. Komplexer werden nicht nur die gesellschaftlichen und politischen Rahmenbedingungen unternehmerischen Handelns; auch der Wettbewerb, die Kundenanforderungen, die globale Vernetzung und die wachsende Dynamik von Märkten werden immer komplexer und unsicherer in ihren Entwicklungen. Diese „äußere" Komplexität geht einher mit einer wachsenden Komplexität von Organisations- und Zielfindungsprozessen, von Produkt- und technischen Entwicklungen innerhalb des Unternehmens (vgl. Schoeneberg 2014). Aus dieser unbestrittenen Veränderung hin zu einer wachsenden Komplexität der Rahmenbedingungen unternehmerischen Handelns erwachsen neue Anforderungen nicht nur an Unternehmen als „handelnde Organisation", sondern auch und nicht zuletzt an die Träger und Motoren dieser Veränderungen, an die handelnden Personen, an die Führungskräfte und Mitarbeiter auf den verschiedenen Ebenen des Unternehmens.

Hier setzt dieser Beitrag an. Nach einer Präzisierung des Begriffs Komplexität wird zunächst die subjektive Seite der Komplexität – die Unsicherheit – erörtert. Mit wachsender Komplexität korrespondieren subjektiv erfahrene Handlungs-, Entscheidungs- und Wissensunsicherheiten. Unsicherheitserfahrungen sind in aller Regel unangenehme und aversive Erfahrungen, denen man so rasch wie mög-

© Springer Fachmedien Wiesbaden 2015
E. Döring-Seipel, E.-D. Lantermann, *Komplexitätsmanagement*, essentials,
DOI 10.1007/978-3-658-08658-9_1

lich mit entschlossenem Handeln begegnen möchte. Strategien der „Komplexitätsreduktion" sind typische Beispiele von Handlungen, die als primäres Ziel die Wiederherstellung eines erträglichen und handhabbaren Maßes an (reduzierter) Komplexität anstreben, um auf diesem Wege die subjektive Unsicherheit in neue Gewissheiten zu transformieren, auch wenn dadurch die eigentlichen Zielsetzungen des Unternehmens in den Hintergrund treten.

Diese Vorliebe für Komplexitätsreduktion beruht auf einer Vielzahl von psychologischen Faktoren und Prozessen, die dann wirksam werden, wenn die erfahrene Unsicherheit ein erträgliches Maß überschreitet und damit die subjektiv wahrgenommene Handlungsfähigkeit der Akteure in Frage steht. In diesen Situationen konstruieren Akteure ein vereinfachtes mentales Modell des komplexen Handlungsraumes und versuchen mit allen Mitteln, ihr Selbstbild als handlungsmächtige und kompetente Person zu schützen.

Mit einer Strategie der Komplexitätsreduktion korrespondieren charakteristische Denk-, Planungs-, Handlungs- und Entscheidungsfehler, die in zahlreichen empirischen Studien über den Umgang mit Komplexität und Unsicherheit nachgewiesen wurden. Einige dieser typischen Fehler werden in diesem Beitrag einer näheren Betrachtung unterzogen.

Was aber sind angemessene Handlungs- und Entscheidungsstrategien im Umgang mit Komplexität und welche Fähigkeiten und Kompetenzen der Akteure unterstützen ein erfolgversprechendes Komplexitätsmanagement? Die Psychologie des komplexen Problemlösens hat auf diese Fragen theoretische und empirisch fundierte Antworten gegeben. So unterscheiden sich erfolgreiche von wenig erfolgreichen Akteuren in ihren Denk- und Handlungsstrategien im Umgang mit komplexen Anforderungen. Zusätzlich verfügen sie über ein hohes Maß an System-, Selbst- und Interaktionskompetenzen. Komplexitätsbewältiger beziehen in ihre Handlungen – und Entscheidungen die sachlichen, die sozialen und zugleich ihre „persönlichen" Aspekte mit ein, die sie in zielführender Weise in ihre Entscheidungen und Handlungen integrieren. Diese übergreifenden Kompetenzen werden unterstützt von Planungs-, Handlungs- und selbstregulativen Kompetenzen, die sich in der empirischen Forschung zum Umgang mit Komplexität und Unsicherheit als günstige individuelle Voraussetzungen für einen gelingenden Umgang mit Komplexität und Unsicherheit erwiesen haben. Einige dieser Kompetenzen werden in diesem Beitrag dargestellt.

Diese in diesem Beitrag eingenommene psychologische Perspektive auf Komplexitätsmanagement birgt manche Implikationen für das Anforderungs- und Kompetenzprofil „guter" Führungskräfte: Die Qualität von Führungskräften wird danach nicht nur von ihrer fachlichen Exzellenz bestimmt, sondern auch von ihren Kompetenzen zur Bewältigung komplexer Herausforderungen. Analysen zur

Ermittlung der Führungspotenziale von Mitarbeitern eines Technologieunternehmens, die von den Autoren des Beitrags seit mehreren Jahren durchgeführt werden, belegen die hohe Relevanz eines solchen kompetenz- und komplexitätsorientierten Ansatzes. In dem Abschnitt „Entwicklungshelfer und Feuerwehr" werden zwei Aufgabenstellungen vorgestellt, mit denen unterschiedliche Führungskompetenzen erfasst werden, die für eine Bearbeitung komplexer Anforderungen von hoher Relevanz sind.

Antworten von Unternehmen auf die wachsende interne und externe Komplexität sind vielfältig – und nicht immer zielführend. Komplexitätsreduktion ist auch heute noch eine typische, wenn auch wenig erfolgversprechende Antwort. Stattdessen wäre eine nicht nur rhetorische Anerkennung, vielmehr eine entschiedene Nutzung der Chancen, die aus der gesteigerten Komplexität erwachsen, eine zentrale Voraussetzung für den Unternehmenserfolg. Chancen zu erkennen und zu nutzen, setzt jedoch verändertes Führungsverhalten voraus. Eine zentrale Herausforderung für Führung liegt darin, in der Gestaltung ihrer Kernaufgaben in überlegter Weise die Komplexität innerhalb und außerhalb des Unternehmens einzubeziehen. Eine das gesamte Unternehmen umfassende Entwicklung einer Vertrauens- und Führungskultur bildet dafür eine günstige Grundlage, wie im abschließenden Kapitel des Beitrags betont wird.

In der Psychologie begann die Auseinandersetzung mit Komplexität vor rund 30 Jahren im Rahmen der Denk- und Problemlöseforschung. Dort hatte man sich jahrelang mit Problemen des Typs „Turm von Hanoi" beschäftigt, bei dem der Kern des Problems darin besteht, einen Algorithmus zu finden, um einen klar beschreibbaren Ausgangszustand in einen ebenso klar definierten Zielzustand zu überführen. Dietrich Dörner war einer der Ersten, die darauf aufmerksam machten, dass sich viele Probleme, die uns im Alltag begegnen, von diesen – inzwischen nicht ganz glücklich als „einfache Probleme" bezeichneten – Anforderungssituationen grundlegend unterscheiden. Unter Rekurs auf systemtheoretische Annahmen entwarf er eine Charakterisierung von komplexen in Abgrenzung zu einfachen Problemen und begründete eine Forschungsrichtung, die sich mit der Erforschung der psychologischen Prozesse und Bedingungen beschäftigte, die bei der Auseinandersetzung mit komplexen Anforderungssituationen eine Rolle spielen.

2.1 Dimensionen komplexer Handlungsräume

Komplexe Probleme und komplexe Handlungsräume unterscheiden sich von „einfachen" Problemen dadurch, a) dass gleichzeitig eine Vielzahl von Aspekten den Handlungsraum aufspannen, die oftmals eng miteinander vernetzt sind und sich wechselseitig beeinflussen, b) dass sich durch eine hohe Eigendynamik, gleichsam „hinter dem Rücken" des Problemlösers, ganz unabhängig von dessen Entscheidungen und Handlungen, fortlaufend einzelne Faktoren oder sogar der ge-

© Springer Fachmedien Wiesbaden 2015
E. Döring-Seipel, E.-D. Lantermann, *Komplexitätsmanagement,* essentials,
DOI 10.1007/978-3-658-08658-9_2

Tab. 2.1 Merkmale komplexer Handlungsräume

Vernetzung	Ein Problembereich wird von vielen Elementen aufgespannt, die sich wechselseitig beeinflussen
Eigendynamik	Elemente des Problembereichs, einschließlich deren Vernetzung, führen ein „Eigenleben": Sie verändern sich auch ohne Eingriffe des Akteurs
Intransparenz	Informationen über relevante Problemmerkmale sind oftmals nicht zugänglich: Die Wissensbasis bleibt prinzipiell unvollständig

samte Handlungsraum verändern und c) dass auch dann gehandelt und entschieden werden muss, wenn die Informationsbasis über Zustände, Zusammenhänge und Entwicklungen des Handlungsraums unvollständig ist, in anderen Worten, dass Handeln und Entscheiden prinzipiell nur auf der Basis unvollständigen Wissens vollzogen werden können (siehe Tab. 2.1).

Die Liste der definierenden Merkmale komplexer Situationen ließe sich noch fortsetzen und fällt je nach Autor und Literaturquelle unterschiedlich umfangreich aus, wobei Vernetzung, Dynamik und Intransparenz übereinstimmend als zentrale Charakteristika aufgeführt werden (vgl. Funke 2003; Franke und Selka 2003; Dörner 1989).

Vernetzung, Dynamik und Intransparenz bilden die zentralen Merkmale komplexer Handlungsräume, die die Akteure vor besondere Herausforderungen stellen. Bezogen auf die Entwicklung von Handlungsstrategien bedeutet Vernetzung beispielsweise, dass eine isolierte Beeinflussung einzelner Elemente des Handlungsraumes in aller Regel wenig erfolgreich sein dürfte, da sich Manipulationen einzelner Elemente der Situation in häufig nicht vorhersehbarer Weise auf andere Bereiche oder Aspekte der Situation auswirken und Effekte produzieren, die nicht selten das gewünschte Ergebnis konterkarieren oder neue Problemsituationen schaffen. Die Eigendynamik komplexer Situationen erschwert die Lösungssuche gleich in doppelter Weise, weil zum einen eine valide Beschreibung und Analyse der Ausgangslage nahezu unmöglich ist, wenn relevante Aspekte des Problemraums schnelllebigen Veränderungen unterworfen sind, und weil zum anderen eine zielführende Beurteilung der Situation allein auf der Basis des momentanen Zustandes kaum möglich ist, wenn nicht gleichzeitig Einschätzungen potenzieller Entwicklungstrends miteinbezogen werden. Wenn dann noch die Intransparenz und mangelnde Wissensbasis des Problemraums in Betracht gezogen werden, sollte klar geworden sein, dass komplexe Probleme und Handlungsräume den einzelnen Akteur und gleichfalls Unternehmen und Organisationen vor Herausforderungen stellen, denen mit „bewährten" Handlungs-, Entscheidungs- und Managementstrategien nur unzulänglich und mit geringer Erfolgsaussicht begegnet werden kann.

2.2 Unsicherheiten

Externe und interne Komplexität führen oftmals zu Erfahrungen hoher subjektiver Unsicherheit, und dies zugleich auf mehreren Feldern: Der Handelnde sieht sich konfrontiert mit der Unmöglichkeit, zukünftige Entwicklungen seines Handlungsumfeldes verlässlich abschätzen zu können, er kann noch nicht einmal davon ausgehen, dass er das Problem, die Heraus- und Anforderungen, die eine aktuelle Situation an ihn stellen, auch nur einigermaßen vollständig erkannt hat, noch kann er sich darauf verlassen, dass seine in der Vergangenheit bewährten Entscheidungs- und Handlungsstrategien auch unter den Bedingungen hoher Komplexität zum Erfolg führen könnten. Nur am Rande soll hier erwähnt werden, dass auch die in Wirtschaftszusammenhängen immer noch favorisierten rationalen Entscheidungsmodelle, die eine Beurteilung von Entscheidungsalternativen nach Erwartungs- und Wertkriterien auf der Grundlage vollständigen Wissens voraussetzen, unter diesen Bedingungen an ihre Grenzen stoßen.

Die psychologische Herausforderung, der sich Akteure bei der Auseinandersetzung mit komplexen Problemen stellen müssen, besteht demnach vor allem darin, zu handeln und zu entscheiden unter der Bedingung unvollständigen Wissens, also unter Anerkennung einer hohen informationellen Unsicherheit. Wie Menschen unter diesen Umständen handlungsfähig bleiben, wie sie sich ein hinreichendes Maß an subjektiver Handlungssicherheit schaffen, Komplexität auf ein handhabbares Maß reduzieren, Leerstellen überbrücken und welche Fehler ihnen dabei unterlaufen, das alles sind Fragen, mit denen sich psychologische Forschung zum komplexen Problemlösen in den letzten 20 Jahren beschäftigt hat und auf die sie eine Reihe von Antworten gefunden hat. Im Laufe der langjährigen Auseinandersetzung mit diesem Gegenstand hat sich die Einsicht durchgesetzt, dass schlecht definierte, intransparente, dynamische Situationen, die häufig mit Unwägbarkeiten und Risiken verbunden sind und unter Zeitdruck bearbeitet werden müssen, nicht etwa extreme Ausnahmen in einer ansonsten klar strukturierten, kontrollier- und vorhersagbaren Welt darstellen, sondern eher als Normalfall von Nicht-Routine-Entscheidungs- und -Handlungssituationen in natürlichen Umwelten – außerhalb des psychologischen Labors – zu betrachten sind; eine Einsicht, die zum Beispiel zum Ausgangspunkt eines neuartigen, als „natural decision making" (vgl. Funke 2003) bezeichneten Forschungsansatzes wurde.

Suboptimales Komplexitätsmanagement 3

Der Umgang mit Komplexität ist auf vielfältige Weise zu einer wesentlichen Aufgabe für Unternehmen und für die dort tätigen Führungskräfte geworden und wird in seiner Bedeutung vermutlich weiterhin zunehmen. Damit wäre zunächst einmal ein Problemzustand konstatiert, der als Nächstes die Frage aufwirft, ob sich aus der bisherigen Praxis und aus dem Fundus der existierenden Erfahrungen und Ergebnisse psychologischer Forschung verallgemeinerbare Hinweise auf Strategien im Umgang mit Komplexität ableiten lassen.

3.1 Komplexitätsreduzierung als Königsweg?

Viele Maßnahmen und Strategien, die in Unternehmen als Antwort auf komplexe Herausforderungen entwickelt werden, lassen sich unter den Begriff Komplexitätsreduzierung fassen. Die Attraktivität dieser Strategien lässt sich psychologisch begründen, bedeutet aber keineswegs, dass Reduzierung von Komplexität eine unter allen Umständen erfolgversprechende Strategie wäre. Nicht von ungefähr beschreibt ein großer Teil der typischen Fehler, die Dörner und seine Mitarbeiter bei der Analyse von Problemlösungsprozessen in komplexen Handlungsfeldern herausgearbeitet haben (vgl. Abschnitt „Typische Fehler im Umgang mit Komplexität"), verschiedene Varianten von (unangemessener) Komplexitätsreduzierung.

© Springer Fachmedien Wiesbaden 2015
E. Döring-Seipel, E.-D. Lantermann, *Komplexitätsmanagement*, essentials,
DOI 10.1007/978-3-658-08658-9_3

3.2 Die psychologische Seite der Komplexitätsreduktion

Aus psychologischer Sicht spielen für die Tendenz zur Komplexitätsreduktion, gemeint als Versuch, vielschichtige, unbestimmte und unvorhersehbare Situationen in überschaubare, vergleichsweise einfache Handlungssituationen zu überführen, sowohl kognitive als auch motivational-emotionale Faktoren eine Rolle.

3.2.1 Reduzierte mentale Modelle

Menschen bevorzugen in vielen Problem- und Entscheidungssituationen lineare Denkprozesse. Sie greifen dabei auf mentale Modelle von Wirklichkeit zurück, die einfache Ursache-Wirkungs-Zusammenhänge unterstellen und Probleme als eine Art Funktionsstörung auffassen, die auf eine Ursache zurückgeführt und durch Beseitigung dieser Ursache behoben werden können.

Mentale Modelle bezeichnen konsistente Bündel von Grundannahmen über Wirklichkeit. Diese Modelle steuern die Art und Weise, wie wir Realität wahrnehmen und interpretieren, sie lenken Aufmerksamkeit und bestimmen die Regeln und Kriterien, nach denen notwendige Informationsfilterprozesse ablaufen. Auf der Basis einfacher mentaler Modelle erwarten und sehen Personen in verschiedenen Kontexten immer wieder einfache Ursache-Wirkungs-Beziehungen. Informationen, die jenseits dieser mechanistischen Funktionslogik liegen, werden dabei in der Regel nicht zur Kenntnis genommen, so dass Handlungspläne generiert werden, die komplexen Problemlagen nicht gerecht werden, weil sie relevante Problemaspekte nicht einbeziehen und Handlungswirkungen nur insoweit berücksichtigen, als sie sich auf die unmittelbare Veränderung der identifizierten „Störung" beziehen. Menschen, die auf der Basis dieses mentalen Modells operieren, verwenden viel Zeit und Energie darauf, *die* Ursache oder *den* Schuldigen für eine aktuelle Problemsituation herauszufinden, mit der Annahme, dass sich aus diesem Wissen gleichsam automatisch ein Lösungsweg ergibt. Wechselseitige Abhängigkeiten von Problemaspekten, Rückwirkungen und unbeabsichtigte Nebenwirkungen von Handlungen und Entscheidungen bleiben bei dieser Form der vereinfachenden Realitätskonstruktion weitgehend unbemerkt. Interventionen, die vor dem Hintergrund solch reduktionistischer Problemrepräsentationen entwickelt werden, bleiben häufig wirkungslos und schaffen oftmals zudem zusätzliche Probleme, die die Komplexität der Ausgangslage weiter erhöhen.

3.2.2 Sicherung der eigenen Handlungsfähigkeit

Komplexe Handlungssituationen sind Situationen hoher Ungewissheit und damit verbundener Unsicherheit. Die Vielschichtigkeit, Intransparenz und Unwägbarkeit komplexer Situationen schaffen eine psychologische Anforderungssituation, die in ihrer Bedeutung und ihren Implikationen nicht eindeutig bestimmbar ist und der damit wesentliche Voraussetzungen zur Bildung verlässlicher Erwartungshorizonte und zur Entwicklung einer sinnvollen Handlungsorientierung fehlen. Ungewissheit gefährdet die individuelle Handlungs- und Funktionsfähigkeit, die eng mit der Kontrollierbarkeit und Vorhersagbarkeit von Situationen verknüpft ist (vgl. Lantermann et al. 2009). Die Gefährdung des Kompetenzgefühls und der drohende Verlust von Handlungssicherheit vermitteln sich dem Akteur häufig als unangenehme Gefühle von Anspannung, Unsicherheit, Bedrohung und Hilflosigkeit und lösen ein Bedürfnis nach Reduzierung der als aversiv erlebten Ungewissheit und Unsicherheit aus, mit dem Ziel, die Kontrolle über die Situation (zurück) zu gewinnen und das eigene Kompetenzgefühl zu schützen.

Verschiedene Strategien, die in erster Linie dazu dienen, die verunsichernden, unbekannten, unwägbaren Aspekte komplexer Handlungssituationen zu bannen oder auszublenden, fallen in diese Kategorie der bewältigungsmotivierten Komplexitätsreduzierung. Diese steht im Dienste der Selbstvergewisserung des eigenen Kompetenzgefühls und verzichtet auf eine adäquate Wahrnehmung und Berücksichtigung derjenigen entscheidungs- und handlungsrelevanten Situationsaspekte, die einem einfachen, klaren, kontrollierbaren Bild des jeweiligen Realitätsausschnitts im Wege stehen.

Komplexitätsreduzierung aus Kompetenzschutzmotiven geschieht jedoch nicht nur auf individueller Ebene, sondern lässt sich auch auf Gruppenebene und ebenfalls auf institutioneller Ebene beobachten. Das aus der Sozialpsychologie bekannte Phänomen des Gruppendenkens, das suboptimale Entscheidungsprozesse von Gruppen beschreibt und erklärt, kann in diesem Zusammenhang als Beispiel für Komplexitätsreduzierung und Kompetenzschutz auf Gruppenebene gedeutet werden (vgl. Franke und Selka 2003).

3.3 Typische Fehler im Umgang mit Komplexität

Tendenzen zur Reduzierung von Komplexität sind aus verschiedenen psychologischen Gründen nachvollziehbar und häufig notwendig, um komplexe Situationen handhabbar zu machen. Probleme entstehen dann, wenn derartige Vereinfachungen in einer Weise vorgenommen werden, die zentrale Merkmale komplexer

Tab. 3.1 Typische Fehler im Umgang mit komplexen Problem- und Entscheidungssituationen

Zentralreduktion	Unterstellung *einer* zentralen Ursache
Verabsolutierung von Zielen	Einseitige Optimierung *einer* Sollgröße
Handeln nach dem Reparaturdienstprinzip	Beseitigung von Störungen als Handlungsmaxime
Einkapselung	Rückzug in einen beherrschbaren Teilbereich
Thematisches Vagabundieren	Unsystematisches Wechseln zwischen Problembereichen, ohne die Probleme ernsthaft anzugehen
Ballistisches Verhalten	Handeln und Entscheiden ohne Kontrollschleife
Exzessive Informationssammlung	Anhäufung von unorganisierten Datenmengen, häufig verbunden mit Handlungs- bzw. Entscheidungsaufschub
Informationsabwehr	Ausblenden von Informationen

Aufgabenstellungen bzw. Problemsituationen nicht oder nur unzureichend berücksichtigt. Entsprechende Handlungsmuster, die im Umgang mit komplexen Anforderungen immer wieder zu beobachten sind und die zu „Fehlern" werden, weil sie unangemessene Formen der Komplexitätsreduzierung darstellen, wurden vor allem von der Forschergruppe um Dietrich Dörner beschrieben, deren Ergebnisse auf umfangreichen Beobachtungen von Personen bei der Bearbeitung von komplexen computersimulierten Aufgabenstellungen beruhen.

Auf einige der markantesten Beispiele für Denk- und Handlungsfehler im Umgang mit komplexen Aufgaben soll nachfolgend näher eingegangen werden (siehe Tab. 3.1); für ausführlichere Beschreibungen sei auf die entsprechende Literatur verwiesen (Dörner 1989; Strohschneider und von der Weth 1993; Franke und Selka 2003).

Zentralreduktion bezeichnet eine kognitive Strategie, bei der Probleme und Schwierigkeiten auf *eine* zentrale Ursache zurückgeführt werden. Die schon erwähnte Suche nach *dem* Schuldigen oder *der* Ursache sind Beispiele für diese Form der Vereinfachung, die Vernetzungen von Realitätsbereichen konsequent ignoriert. Aber auch der Wunsch nach der starken Führungspersönlichkeit, die alles richten soll, kann als eine Variante von Zentralreduktion aufgefasst werden.

Verabsolutierung von Zielen meint die einseitige Optimierung einer Sollgröße. Die Verabsolutierung von Zielen ist eng verwandt mit der Strategie der Zentralreduktion, mit dem Unterschied, dass hier nicht *die* Ursache, sondern *die* Lösung im Mittelpunkt steht. Häufig ergibt sich eine reduktionistische Zielsetzung als direkte Konsequenz aus einer vereinfachten Ursachenzuschreibung: Wenn es immer die Kosten sind, die den Unternehmensgewinn schmälern, was liegt dann näher, als Kostensenkung zum Unternehmensziel schlechthin zu erklären? Kostensenkung als Allheilmittel ist ein Beispiel für eine einseitige Zielbildung, die ignoriert, dass in komplexen, vernetzten Situationen in der Regel mehrere Ziele gleichzeitig berücksichtigt werden müssen, die sich auch durchaus widersprechen können, und dass dann die Optimierung einzelner Zielparameter nur auf Kosten von damit verbundenen Sollgrößen erreicht werden können. Wenn beispielsweise Kostensenkungen nur noch mit Qualitätseinbußen erkauft werden können – mit fatalen Folgen für die Kundenzufriedenheit –, wird die einseitige Verfolgung dieses Ziels zu einer Gefahr für den Unternehmenserfolg. Gefordert sind stattdessen eine Balancierung verschiedener Zielgrößen und die Spezifizierung von Bedingungen, unter denen bestimmte Ziele sinnvoll sind.

Handeln nach dem Reparaturdienstprinzip ist auf die Beseitigung von Störungen ausgerichtet, wobei der jeweils augenfälligste Missstand das Handeln bestimmt. Handeln nach dem Reparaturdienstprinzip besteht aus isolierten Einzelmaßnahmen, die kurzfristig angelegt und reaktiv sind. Die (prospektive) Bestimmung von Zielen und eine zielorientierte Schwerpunktbildung unterbleiben, eine Einbettung von Einzelmaßnahmen in ein übergreifendes Modell der Situation findet nicht statt.

Gemeinsam ist diesen drei Fehlertypen, dass sie auf die beschriebenen vereinfachten mentalen Modelle zurückgehen und unterschiedliche Varianten illustrieren, wie sich solche schlichten linearen Ursache-Wirkungs-Modelle in defizitäre Strategien im Umgang mit komplexen Handlungskontexten umsetzen. Weniger ausschlaggebend sind vereinfachte mentale Modelle für eine weitere Gruppe von Fehlern, die dann entstehen, wenn in komplexen Handlungssituationen Motive zum Kompetenz- und Selbstschutz und zur Reduzierung von Unsicherheit aktiviert und dominant werden. Diese Fehler können daher als unterschiedliche Möglichkeiten zur Realisierung dieser Motive verstanden werden, die deshalb problematisch werden, weil eine an den Anforderungen orientierte Auseinandersetzung mit den anstehenden Aufgaben zumindest partiell aufgegeben wird.

Einkapselung bezeichnet ein Vorgehen, bei dem ein Rückzug in einen gut beherrschbaren Teilbereich stattfindet. Die Beschäftigung mit dem Gesamtproblem wird aufgegeben, stattdessen konzentriert man sich auf einen kleinen, für den Gesamtzusammenhang häufig unwichtigen Teilaspekt, mit dem man sich auskennt und bei dem man weiß, was zu tun ist. Die Konfrontation mit Ungewissheit mit all ihren unsicherheitserzeugenden und möglicherweise bedrohlichen Begleiterscheinungen wird auf diese Weise erfolgreich vermieden, die Illusion von Kontrolle und eigener Wirksamkeit kann problemlos aufrechterhalten werden, allerdings um den Preis, dass die wichtigen und drängenden Fragen nicht angegangen werden.

Wechselt ein Akteur ständig und scheinbar willkürlich den Problembereich, ohne die jeweiligen Probleme gelöst zu haben, spricht man von *thematischem Vagabundieren.* Eine Beschäftigung mit den einzelnen Problemen findet dabei nur oberflächlich statt, vieles wird angegangen, aber nichts zu Ende gebracht. Auch dieses von Aktionismus geprägte Vorgehen dient dazu, das eigene Kompetenzgefühl zu schützen und nach außen eine zupackende Haltung zu demonstrieren, ohne sich dem Risiko des Scheiterns aussetzen zu müssen.

Trifft ein Akteur Entscheidungen, ohne sich um die weitere Entwicklung der Situation oder die Wirkung seiner Maßnahmen noch einmal zu kümmern, bezeichnet man dies als *ballistisches Verhalten.* Dieses „Abfeuern" von Entscheidungen oder Maßnahmen erzeugt das positive Gefühl, etwas getan zu haben, ohne sich möglichen Fehlschlägen und Misserfolgen stellen zu müssen, und schützt auf diese Weise vor schmerzhaften Erkenntnissen, die das Bild der eigenen Kompetenz erschüttern könnten.

Exzessive Informationssammlung ist eine häufig gewählte Strategie zur Reduzierung von Unsicherheit. Dahinter verbirgt sich die Hoffnung, über mehr und mehr Information sukzessive ein vollständiges und klares Bild der Situation gewinnen zu können, das dann die richtige Lösung offenbart oder zumindest die Basis für eine begründete Entscheidung ohne Unwägbarkeiten liefert. Problematisch ist dieses Vorgehen nicht nur, weil in intransparenten Kontexten der Versuch einer vollständigen Analyse von vornherein zum Scheitern verurteilt ist, sondern auch, weil die vom Wunsch nach Unsicherheitsreduzierung getriebene exzessive Informationssuche nicht selten das genaue Gegenteil, nämlich eine Erhöhung der Unsicherheit zur Folge hat, wenn beispielsweise widersprüchliche Informationen auftauchen oder sich zu nicht mehr überschau- und integrierbaren Datenmengen anhäufen (vgl. Dörner 1989). Ist ausufernde Informationssammlung darüber hinaus noch verbunden mit der Maxime, erst dann zu handeln, wenn alle möglicherweise relevanten Fakten bekannt sind, besteht die Gefahr, dass entscheidende Zeitfenster zum Handeln versäumt werden und die Situation eine Dynamik entwickelt, die nur noch schwer zu korrigieren ist.

Informationsabwehr dient ebenfalls dem Schutz des eigenen Kompetenzgefühls und der Aufrechterhaltung eines klaren und eindeutigen Bildes von Realität. Informationsabwehr kann sich auf verschiedene Arten von Information beziehen. Die Vermeidung von Informationen über Effekte des eigenen Handelns ist eine Variante, die schon im Zusammenhang mit ballistischem Verhalten erwähnt wurde und darauf gerichtet ist, eine Konfrontation mit befürchteten Misserfolgen und Fehlschlägen zu vermeiden, die das Bild der eigenen Kompetenz in Frage stellen könnten. Bei einer anderen Form der Informationsabwehr geht es vor allem um die Sicherheit spendende Rettung eines einmal gewonnenen Modells der Realität.

Nicht passende und widersprüchliche Informationen werden dabei ausgeblendet, nicht zur Kenntnis genommen oder umgedeutet. Diese Form der verzerrten Informationsverarbeitung beschränkt sich keineswegs nur auf Einzelpersonen, sondern lässt sich ebenfalls bei Analysen von suboptimalen Gruppenentscheidungsprozessen nachweisen, die sich dadurch auszeichnen, dass vor allem die Informationen wahrgenommen, diskutiert und entscheidungsrelevant werden, die die vorgefassten Weltbilder der Gruppenmitglieder bestätigen (vgl. Badke-Schaub 1993; Franke und Selka 2003; Schulz-Hardt 1997).

Die geschilderten Fehlervarianten sind Beispiele für Wege und Strategien, die Menschen im Umgang mit komplexen Handlungsanforderungen wählen, wenn Motive zur Reduzierung von Unsicherheit oder zum Schutz des eigenen Kompetenzgefühls und einfache mentale Modelle das Handeln bestimmen. Gemeinsam ist diesen verschiedenen Handlungsmustern, dass sie zentrale Merkmale komplexer Handlungsräume ignorieren und daher zu wenig erfolgreichen Ergebnissen führen.

Anforderungen und Kompetenzen für gelingendes Komplexitätsmanagement

Fragt man nun umgekehrt nach Kennzeichen erfolgreicher Strategien für die Bearbeitung komplexer Anforderungen und Probleme, so lassen sich ebenfalls eine Reihe von typischen Merkmalen identifizieren, die bei Analysen von gelungenen Lösungen komplexer Probleme überzufällig häufig aufzufinden waren.

4.1 Denkstrategien

Personen, die erfolgreich mit komplexen Handlungsanforderungen umgingen, können immer dann, wenn die Problemlage es erfordert, zur rechten Zeit, problemadäquat und in aufgabenangemessen wechselnder Ausführlichkeit

- in Zusammenhängen denken,
- in Zeitgestalten denken,
- Prognosen und Erwartungshorizonte bilden,
- sich einen Überblick über die „Gesamtlage" verschaffen,
- Ziele und Pläne flexibel gestalten,
- problemangemessene Wechsel zwischen Planen und Handeln vornehmen,
- Schwerpunkte bilden und rechtzeitig Korrekturen einleiten,
- Schärfe und Standpunkt der Betrachtung flexibel wechseln sowie
- eine Effekt- und Ergebniskontrolle vornehmen.

© Springer Fachmedien Wiesbaden 2015
E. Döring-Seipel, E.-D. Lantermann, *Komplexitätsmanagement,* essentials,
DOI 10.1007/978-3-658-08658-9_4

Zusammenfassend zeichnen sich erfolgreiche Bearbeiter komplexer Anforderungen dadurch aus, dass sie Denkstrategien anwenden, die sowohl der Vernetzung als auch der zeitlichen Dynamik komplexer Probleme Rechnung tragen, und dass sie ein Vorgehen wählen, das durch ein hohes Maß an Flexibilität gekennzeichnet ist, mit dem Ergebnis, dass es ihnen gelingt, Handeln und Planen, Detail- und Überblicksbetrachtung, Persistenz und Neuorientierung bei der Bearbeitung von Schwerpunkten angemessen auszubalancieren.

4.2 Systemverständnis, Interaktions- und Selbstmanagement

Dieses Bündel an Denk- und Planungsstrategien für die erfolgreiche Bearbeitung komplexer Herausforderungen kann nur dann nutzbringend zum Einsatz gebracht werden, wenn zugleich die Binnenvoraussetzungen der Akteure optimal auf das jeweilige Problem eingestellt sind – wenn auch deren Motive, Gefühle und Ziele möglichst optimal an die komplexen Aufgabenstellungen angepasst sind.

Für die Lösung komplexer Herausforderungen und Probleme sind demnach zwei Anforderungsprofile zu unterscheiden: Anforderungen an die sachliche Auseinandersetzung mit Problemen und Anforderungen an das Selbstmanagement der Akteure. Erstere beziehen sich auf die Handlungsorganisation beim Problemlösen – letztere auf psychische und soziale Regulationen.

Für die Entwicklung der Problemlösekompetenz sind daher drei eng miteinander verwobene Kompetenzdimensionen zu beachten: der Erwerb einer hinreichenden Problem- und Systemkompetenz, die Entwicklung von sozialen Interaktionsstrategien, welche problemangemessene Gruppenprozesse unterstützen und dysfunktionale Lösungsansätze und verzerrte Informationsverarbeitung einzelner Problemlöser nicht verstärken, sondern korrigieren, sowie der Erwerb von (problemangemessenen) Selbstmanagementstrategien (siehe Tab. 4.1).

Erst wenn sich System-, Interaktions- und Selbstmanagementkompetenzen sinnvoll ergänzen, wird ein konstruktiver Umgang mit Komplexität und Unbestimmtheit wahrscheinlich, bei dem Fehler zwar auch weiterhin nicht ausgeschlossen, die Chancen zur rechtzeitigen Aufdeckung und Korrektur von problematischen Entwicklungen jedoch erheblich verbessert werden.

Tab. 4.1 Dimensionen von Komplexitätskompetenz

Systemkompetenz
Interaktionskompetenz
Selbstmanagementkompetenz

Systemkompetenz beinhaltet neben einem umfassenden, wenn auch notwendig unvollständigen Wissen über den Problembereich die Kenntnis von notwendigem systemtheoretischen Grundlagenwissen sowie das Beherrschen von Strategien, die auf dem Systemansatz basieren und mit deren Hilfe man die wichtigsten Variablen einer Problemsituation identifizieren, ihren Einfluss auf die Ziele abschätzen, die Zusammenhänge zwischen den einzelnen Variablen abbilden und auf dieser Grundlage Haupt- und Nebenwirkungen von Maßnahmen prognostizieren und zukünftige Entwicklungen antizipieren kann. Dazu gehört auch die Entwicklung mentaler Modelle, die Realität nicht als einfache, lineare Ursache-Folgen-Ketten konstruieren, sondern auf der Basis eines systemischen Grundverständnisses Zusammenhänge, Wechselbeziehungen und Rückkopplungen innerhalb eines Problemfeldes abbilden können.

Interaktionsbezogene Strategien und Kompetenzen helfen, Entscheidungen im Team vorzubereiten, die Organisation von Gruppenarbeit und das eigene Vorgehen in der Gruppe zu optimieren und positive wie negative Aspekte der Gruppenarbeit zu erkennen. Hierzu gehören Interaktionsstrategien, die ohne vorschnelle Festlegungen und Eingrenzungen eine umfassende Wissensbasis im und mit dem Team erarbeiten. Zu den interaktionsbezogenen Kompetenzen zählen auch Strategien im Umgang mit verschiedenen Formen von Heterogenität innerhalb einer Gruppe, wie z. B. Wissensheterogenität, Zielheterogenität oder auch Heterogenität der Handlungsstile von Teammitgliedern. In der Literatur zum komplexen Problemlösen in Teams stößt man auf den Widerspruch, dass theoretisch die Bildung von heterogen zusammengesetzten Teams zur Bearbeitung von komplexen Aufgaben gefordert wird, weil diese eher als einzelne Individuen die notwendige Vielfalt von Wissensbeständen und Perspektiven bereitstellen können und damit über günstigere Voraussetzungen für einen sinnvollen Umgang mit Komplexität verfügen. Allerdings scheitern heterogene Teams in der Realität häufig daran, das vorhandene Potenzial ihrer Mitglieder auch auszuschöpfen (vgl. Boos 1998; Wetzel 1998; Schulz und Frey 1998; Badke-Schaub 1993).

Diese Leistungseinschränkungen lassen sich auf Komplexitätsreduzierungsmechanismen zurückführen, die auf der Interaktionsebene wirksam werden und zu vorschnellen Festlegungen auf Entscheidungsalternativen, zu verzerrter Informationssammlung und -bewertung, zur Ausblendung von Informationen und Argumenten sowie zu Ausgrenzungen von Standpunkten und Positionen führen. Suboptimale, wenig problemgerechte Interaktionsstrategien verhindern so, dass verfügbare Potenziale im Team zur Herstellung von Handlungsflexibilität und Perspektivenvielfalt für den Problemlöseprozess nutzbar gemacht werden können. Um die potenzielle Überlegenheit heterogener Teams für den Umgang mit komplexen Anforderungen auch praktisch zu realisieren, bedarf es demnach angemessener Interaktions- und Kommunikationsstrategien, die geeignet sind, Vielfalt auf der Gruppenebene offenzulegen und handhabbar zu machen.

Selbstmanagement zielt darauf ab, die persönlichen Voraussetzungen in der Auseinandersetzung mit Komplexität und Unbestimmtheit zu optimieren. Dazu gehören Strategien zur Aufmerksamkeitsregulierung, zur Aufrechterhaltung der Motivation, zum Schutz des eigenen Kompetenzgefühls, zur problemangemessenen Emotionsregulation und zur Aufrechterhaltung einer flexiblen, reflexiven Grundhaltung, welche einen situationsangemessenen Wechsel zwischen problemorientierten Prozessen und Phasen der Selbst- und Prozessreflexion ermöglichen. Emotionen und der Umgang mit Emotionen spielen im Prozess der Selbstregulation eine zentrale Rolle. In einer eigenen Untersuchung erzielten beispielsweise bei der Bearbeitung eines komplexen computersimulierten Problemszenarios diejenigen Personen bessere Ergebnisse, die über ein höheres Maß an emotionaler Kompetenz verfügten (Otto et al. 2002; Otto und Lantermann 2005).

Es wäre jedoch ein Missverständnis, anzunehmen, dass emotional kompetente Personen Entscheidungen ‚aus dem Bauch heraus' fällten oder sich bei der Lösung des Problems vor allem von ihren Gefühlen leiten ließen. Ein solches Vorgehen führt bei der Bearbeitung von komplexen Aufgaben in der Regel zu wenig guten Ergebnissen. Emotionale Kompetenz meint dementsprechend auch nicht, sich in seinen Entscheidungen und Handlungen primär von seinen Gefühlen leiten zu lassen, sondern bezeichnet ein Bündel von Fähigkeiten, die das Zusammenspiel von kognitiven und emotionalen Prozessen beim Handeln und Entscheiden in situations- und aufgabenangemessener Weise optimieren. So können emotional kompetente Personen eigene Gefühle klar und differenziert wahrnehmen und benennen, sie als wichtige Informationsquelle bei Denk- und Entscheidungsprozessen nutzen und diese – situativ angemessen – regulieren. Emotional Kompetenten gelingt es gerade in komplexen Situationen leichter, die notwendige Handlungsflexibilität herzustellen, weil sie über emotionales Selbstwissen verfügen, das sie bei Bedarf aktualisieren können, um darüber Anlässe für sinnvolle Schwerpunkt- und Auflösungsgradwechsel genauer und aufgabenadäquat erkennen zu können. Gleichzeitig können sie diese Kompetenz besser als andere auch nutzen, um ganz gezielt Reflexionsphasen und Selbstmanagementstrategien einzuleiten, um notwendige interne Voraussetzungen für die angemessene Problembearbeitung (wieder)herzustellen, statt blind in die beschriebenen Kompetenzschutzfallen zu tappen.

Die Bedeutung emotionaler Kompetenzen für die erfolgreiche Bewältigung komplexer Aufgaben zeigt sich immer wieder in unseren Analysen von Bearbeitungsprozessen und -ergebnissen, die bei der Auseinandersetzung von Personen mit komplexen computersimulierten Problemszenarien entstehen. Während der Bearbeitung dieser Aufgaben, die in der Regel ein bis zwei Stunden dauert und in allen Details automatisch protokolliert wird, werden die Problemlöser mehrfach um Angaben zu ihrer aktuellen emotionalen Verfassung gebeten, die sie anhand vorgegebener Skalen ebenfalls über den Rechner eingeben. Erfragt werden momentane Stimmung, Anspannung, Zuversicht im Hinblick auf die Bewältigung der anstehenden Aufgaben und – in fortgeschrittenen Phasen des Bearbeitungsprozesses – Zufriedenheit mit den bereits erreichten Ergebnissen. Nach unseren Erfahrungen scheinen spezifische Konstellationen dieser Emotionsparameter schon beim Einstieg in die Aufgabe deutlich ungünstigere Voraussetzungen für den weiteren Verlauf und die Ergebnisse zu bieten als andere.

Personen, deren emotionale Verfassung in der Startphase durch relativ hohe Anspannung bei gleichzeitig schlechter Stimmung und geringer Zuversicht geprägt ist – ein Muster, das als emotionale Markierung einer (befürchteten) Bedrohung des Kompetenzgefühls schon bei der ersten Konfrontation mit der Aufgabe gedeutet werden kann –, zeigen auffallend häufig im weiteren Verlauf wenig erfolgreiche Eingriffsstrategien und produzieren damit problematische Systementwicklungen mit suboptimalen Endergebnissen. Interessant ist, dass die Verlaufsprotokolle belegen, dass diese Stimmungslagen nicht erst als Reaktion auf bereits eingetretene Misserfolge auftreten, sondern diesen vorauslaufen. Diese Ergebnisse sollten nicht dahingehend interpretiert werden, dass komplexe Probleme nur mit guter Laune gelöst werden können – auch das wäre eine unzulässige Komplexitätsreduzierung, die weder den Unterschieden der Anforderungsbedingungen noch denen der Personen Rechnung trägt. Vielmehr unterstreichen diese Beobachtungen einmal mehr die enge Verzahnung von emotionalen Prozessen und aufgabenbezogenen Aktivitäten und verweisen auf die Notwendigkeit eines angemessenen Selbstmanagements beim Lösen komplexer Aufgaben. Es gilt, günstige interne Rahmenbedingungen zu schaffen, die die Generierung von komplexitätstolerierenden und -aufnehmenden Arbeitsweisen unterstützen, statt vorschnelle Einschränkungen und Komplexitätsreduzierungen nahezulegen.

4.3 Individuelle Kompetenzen und motivationale Orientierungen

Hohe System-, Interaktions- und Selbstmanagementkompetenzen werden ermöglicht, begleitet und unterstützt von spezifischen Planungs-, Handlungs- und selbstregulativen Kompetenzen, die sich in der empirischen Forschung zum Umgang mit Komplexität und Unsicherheit als günstige individuelle Voraussetzungen für einen gelingenden Umgang mit Komplexität und Unsicherheit erwiesen haben (Döring-Seipel und Lantermann 2012; Lantermann et al. 2009; Otto und Lantermann 2005; Schaub 2001; Wagener 2001). Gelingendes Komplexitätsmanagement auf den verschiedenen Ebenen der Handlungsorganisation wird nach den empirischen Befunden u. a. von folgenden Kompetenzen und motivationalen Orientierungen unterstützt:

- *Emotionale Kompetenz*
  Emotionale Kompetenz bezeichnet einen konstruktiven Umgang mit Gefühlen gerade auch in unsicheren und komplexen Situationen. Emotional kompetente Menschen reagieren emotional angemessen auch auf nicht klar definierte Situationen, ohne von ihren Gefühlen überwältigt, gelähmt oder stark beeinträchtigt zu werden. Sie nehmen ihre Emotionen wahr, artikulieren ihre aktuelle Befindlichkeit und können sie gezielt und situationsangemessen regulieren.
- *Strategische Flexibilität*
  Flexibilität meint die Fähigkeit, das eigene Handeln an veränderte Bedingungen anzupassen. Personen mit hoher Flexibilität stellen sich leicht auf wechselnde Bedingungen und unvorhergesehene Veränderungen ein. Sie schätzen es sehr, mit immer neuen Herausforderungen konfrontiert zu werden und sich mit unvertrauten Problemen zu beschäftigen. Sie werden vergleichsweise wenig dadurch beeinträchtigt, dass Aufgaben nicht klar definiert sind, da sie ein hohes Maß an Ungewissheit tolerieren können und neuen Situationen mit Zuversicht begegnen.
- *Handlungsorientierung*
  Handlungsorientierung bezeichnet die Fähigkeit und den Willen zu einer zeitnahen Umsetzung von Entscheidungen in zielgerichtete Aktivitäten. Personen mit hoher Handlungsorientierung gehen Aufgaben rasch und zielorientiert an. Sie sind in der Lage, ihre Aufmerksamkeit auf ausgewählte Aspekte zu richten, ohne sich von anderen Dingen ablenken zu lassen. Sie präferieren Tätigkeiten, bei denen auch unter Unsicherheit und wenig definierten Rahmenbedingungen rasch entschieden und gehandelt werden muss.
- *Ungewissheitstoleranz*
  Personen mit einer hohen Ungewissheitstoleranz gehen lösungsorientiert und optimistisch mit offenen, ungewissen, wenig planbaren Situationen um. Sie sind experimentierfreudig, können sich gut auf Veränderungen einstellen und fühlen sich durch unsichere Bedingungen und Kontexte nur wenig belastet. Sie interpretieren ungewisse Situationen als Herausforderungen, n denen sie ihre Kompetenzen in besonderem Maße zum Einsatz bringen können.
- *Veränderungsbereitschaft*
  Veränderungsbereitschaft bezeichnet die Fähigkeit und den Willen, Gelegenheiten und Situationen für eine Erweiterung des eigenen Handlungsspielraumes zu nutzen. Personen mit einer hohen Veränderungsbereitschaft haben wenig Probleme damit, sich auf Veränderungen ihres Arbeitsumfeldes einzustellen. Sie nutzen Veränderungen oftmals als eine Möglichkeit, sich auch in unvertrauten Kontexten zu bewähren und ihre Kompetenzen und Fähigkeiten an veränderte Anforderungen und Kontexte anzupassen.

4.4 Entwicklungshelfer und Feuerwehr

Folgt man der Argumentation des letzten Abschnitts, dass gelungenes Komplexitätsmanagement von der Verfügbarkeit von Kompetenzen aus verschiedenen Kompetenzbereichen abhängt, so hat dies Implikationen für die Frage danach, welche Voraussetzungen Führungskräfte mitbringen oder entwickeln müssten, um für komplexe Herausforderungen gerüstet zu sein. Um einen vielleicht naheliegenden kritischen Einwand aufzugreifen, ob da nicht Kompetenzanforderungen formuliert werden, die realistischerweise nicht erfüllbar sind, sei an dieser Stelle auf Erfahrungen aus Potenzialanalysen verwiesen, die die Autoren dieses Beitrags seit etlichen Jahren durchführen und die unter anderem Kompetenzen von potenziellen Führungskräften im Umgang mit komplexen Aufgaben in den Blick nehmen (Lantermann et al. 2014).

Zur Beurteilung dieser Kompetenzen verwenden wir computersimulierte Szenarien – z. B. ein Entwicklungshilfe- und ein Feuerbekämpfungsszenario –, die inhaltlich nichts mit der Unternehmensrealität zu tun haben, wenn man einmal davon absieht, dass zwei wichtige Führungsrollen auf einer metaphorischen Ebene mit Entwicklungshelfer und Feuerwehr gar nicht mal unzutreffend beschrieben sind, die jedoch Merkmale komplexer Handlungssituationen mit unterschiedlichen Anforderungsschwerpunkten realisieren und eine detaillierte Analyse von aufgabenbezogenen Strategien, Handlungsfehlern, Selbstmanagement- und Interaktionsstrategien ermöglichen. Die interindividuellen Unterschiede bei der Bewältigung dieser Anforderungen sind erfahrungsgemäß groß. Neben einigen Personen, die aus verschiedenen Gründen scheitern, gibt es regelmäßig etliche Teilnehmer, die erfolgreich agieren und die – so zeigt sich bei genauerer Betrachtung und Analyse des Vorgehens in aller Regel – in der Lage sind, sinnvolle problembezogene Strategien zu entwickeln, ihre Binnenvoraussetzungen durch angemessenes Selbstmanagement an die Aufgabenerfordernisse anzupassen und über geeignete Interaktions- und Kommunikationsstrategien ihr soziales Umfeld (Teammitglieder, Mitarbeiter) in den Bearbeitungsprozess einzubinden.

Diese Führungsqualitäten zeigten in erster Linie solche Teilnehmer, die sich durch starke Ausprägungen der im vorigen Abschnitt genannten individuellen Kernkompetenzen und motivationalen Orientierungen für gelingende Komplexitätsbewältigung auszeichneten.

Dieses Beispiel verweist darauf, dass sich Menschen im Umgang mit komplexen Anforderungen in hohem Maße in ihren Kompetenzprofilen unterscheiden, welche sie erfolgreich bei der Bewältigung von komplexen Anforderungen einsetzen und mit denen sie ihre Führungsqualität unter Beweis stellen können.

Komplexität – eine Herausforderung für Unternehmen 5

Komplexität – ein Thema für Unternehmen? Fragt man, ob und auf welche Art eine in dieser Weise umschriebene Komplexität eine Rolle für Unternehmen spielt, lassen sich darauf verschiedene Antworten finden.

5.1 Behauptung in einer komplexen Welt

Die Welt wird immer komplexer und damit auch das Umfeld, in dem sich Unternehmen behaupten müssen. Betrachtet man zunächst das, was von und über Unternehmen gesagt und geschrieben wird, so gewinnt man den Eindruck, dass Komplexität – gemessen an der Häufigkeit der Nennungen des Begriffs – in den letzten Jahren zu einem zentralen Thema geworden ist. Mittlerweile scheint es eine Art stillschweigenden Konsens zu geben, dass die Welt und damit auch die Arbeitswelt komplexer geworden ist, und diese Unterstellung ist offenbar inzwischen zu einem so selbstverständlichen Teil des Weltwissens geworden, dass sie keiner weiteren Begründung oder Prüfung mehr bedarf, aber umgekehrt als Erklärung für vieles herhalten muss, was schwierig erscheint, nicht auf Anhieb zu begreifen und zu bewältigen ist oder irgendwie unbefriedigend funktioniert. Neue beziehungsweise neu aufgelegte Führungsphilosophien berufen sich ebenfalls gern auf die Komplexität der Anforderungen in Unternehmen, um Lösungsansätze als Antwort auf diese neuen Herausforderungen zu präsentieren, deren empirische Bewährung im Lichte der verfügbaren Forschungsergebnisse zumindest fragwürdig erscheinen muss. Als Beispiel sei auf ein bei „Spiegel online" erschienenes Interview verwie-

© Springer Fachmedien Wiesbaden 2015
E. Döring-Seipel, E.-D. Lantermann, *Komplexitätsmanagement,* essentials,
DOI 10.1007/978-3-658-08658-9_5

sen (*Disziplin und Kontrolle statt Eigenverantwortung und netter Worte ...*, Spiegel online 04.08.10), das unter Verweis auf die komplexen Herausforderungen, denen sich Unternehmen heute stellen müssen, eine Führungskultur fordert, die auf verstärkte Kontrolle statt auf Vertrauen und Eigenverantwortung von Mitarbeitern setzt.

Die Allgegenwart und unscharfe Verwendung des Komplexitätsbegriffs hat eine differenzierte Auseinandersetzung mit dem Thema nicht unbedingt befördert, sondern erschwert im Gegenteil die Identifikation der Bereiche und Aufgaben in Unternehmen, auf die die Komplexitätsperspektive sinnvoll angewendet werden kann. Komplexitätsmanagement in Unternehmen könnte genau hier ansetzen und zunächst eine Eingrenzung und Beschreibung von Aufgaben und Anforderungen auf verschiedenen Ebenen des Unternehmens vornehmen, die im Sinne der Ausführungen dieses Beitrags als komplex bezeichnet werden können und für die Strategien und Ansätze der Bewältigung entwickelt werden müssen, die den Besonderheiten komplexer Handlungsfelder Rechnung tragen.

5.2 Komplexitätsreduktion vermeiden

Eine zweite Argumentationslinie stellt die tradierten Formen des Umgangs mit Komplexität in Unternehmen in den Mittelpunkt. Das heißt keineswegs, dass bestritten würde, dass die Anforderungen komplexer geworden sind, bedeutet aber eine Akzentverschiebung, die besagt, dass Komplexität auch oder sogar vor allem deshalb zum Problem für Unternehmen wird, weil bewährte Mechanismen der Komplexitätsreduktion aufgrund veränderter Bedingungen weniger gut funktionieren als früher. Strikt hierarchische Unternehmensstrukturen mit ihren klaren Kommunikationswegen und -beschränkungen können als eine, über viele Jahre erfolgreich praktizierte Möglichkeit betrachtet werden, die Komplexität der Beziehungen und Abläufe auf ein handhabbares Maß zu reduzieren, allerdings um den Preis, dass wichtige Aspekte der Wirklichkeit ausgeblendet wurden und die Anpassungsfähigkeit des Systems an Veränderungen der Bedingungen stark eingeschränkt wurde. Gestiegene Flexibilitätsanforderungen führten dazu, dass diese einfachen, aber starren Strukturen zunehmend dysfunktional wurden und inzwischen vielfach durch weniger starre, stärker vernetzte und somit komplexere Strukturen ersetzt werden. Die im „Spiegel online"-Interview propagierte ‚neue' Führungskultur mit ihrer Forderung nach mehr Kontrolle und Disziplin kann vor diesem Hintergrund als Versuch gedeutet werden, das Rad zurückzudrehen und dieser so entstandenen neuen Komplexität der Abläufe, Beziehungen und Kommunikationszusammenhänge unter Rückgriff auf die bewährte Strategie der Komplexitätsreduzierung beizukommen.

5.3 Die Binnenkomplexität erhöhen

Der dritte Versuch einer Antwort verbindet die beiden ersten Punkte und beruft sich im Kern auf systemtheoretische Grundannahmen aus Kybernetik und Soziologie (Ashby 1956; Luhmann 1970; vgl. auch Baecker 1998), die postulieren, dass Systeme ein umso höheres Maß an Umweltkomplexität verarbeiten können, je größer ihre Binnenkomplexität ist. Das bedeutet, immer noch sehr abstrakt, dass der Weg zu einem angemessenen Umgang mit der unbestritten steigenden Komplexität des Umfeldes, in dem Unternehmen agieren und sich behaupten müssen, nicht über eine Reduzierung der Komplexität führen kann, sondern – vielleicht zunächst kontraintuitiv – eine Steigerung der Binnenkomplexität erfordert. In diesem Sinne geht z. B. Wimmer bei seinen Überlegungen zur Zukunft von Führung davon aus, dass „Unternehmen im Dienste ihrer Überlebensfähigkeit ihre Eigenkomplexität (…) steigern müssen" (Wimmer 1996, S. 53). Das ist zum einen ein Desiderat, das zum Überdenken der Grundprämissen im Umgang mit Komplexität auffordert, zum anderen aber auch die Beschreibung eines Prozesses, der in vielen Unternehmen bereits eingesetzt und zu einschneidenden Veränderungen der Steuerungssysteme sowie der Unternehmens- und Geschäftsstrukturen in Richtung auf eine höhere Binnenkomplexität geführt hat.

Fasst man die Ausführungen der letzten Abschnitte zusammen, so tangiert Komplexität Unternehmen gleichzeitig auf verschiedenen Ebenen: Die Außenkomplexität des Unternehmensumfeldes ist angestiegen und muss berücksichtigt werden, um erfolgreich agieren zu können, die Eigenkomplexität der Unternehmen hat sich – möglicherweise als Reaktion – ebenfalls erhöht, während zusätzlich bewährte Mechanismen des Umgangs mit Komplexität zunehmend dysfunktional werden. Unter der Voraussetzung, dass damit die Situation von Unternehmen einigermaßen zutreffend beschrieben ist, stellt sich die Frage, welche Implikationen sich daraus für Führung, Führungsaufgaben und Führungshandeln ableiten.

Führungskräfte sind in gewisser Weise an zwei Fronten mit komplexen Anforderungen konfrontiert. Sie müssen sich einerseits im Rahmen ihrer jeweiligen Verantwortungsbereiche mit der erhöhten Außenkomplexität auseinandersetzen und sich gleichzeitig innerhalb des Unternehmens in zunehmend komplexer werdenden Organisations-, Kontroll- und Kommunikationsstrukturen bewegen. Daraus ergeben sich veränderte Anforderungen an Führungskräfte in drei zentralen Handlungssphären.

6.1 Entscheidungsprozesse

Eine zentrale Aufgabe von Führung ist es, Entscheidungen zu treffen, Entscheidungen, die innerhalb des Verantwortungsbereichs der jeweiligen Führungskraft dazu beitragen, die Leistungen und Produkte des Unternehmens zu optimieren und Marktchancen zu verbessern. Diese Aufgabe gehörte zwar schon immer zum Kern-

© Springer Fachmedien Wiesbaden 2015
E. Döring-Seipel, E.-D. Lantermann, *Komplexitätsmanagement*, essentials,
DOI 10.1007/978-3-658-08658-9_6

geschäft von Führung, findet jedoch inzwischen unter radikal veränderten Rahmenbedingungen statt. Viele Entscheidungen über Produktentwicklung, Produktion und Vermarktung, mit denen Führungskräfte in ihrem Alltagsgeschäft konfrontiert werden, sind unter den Bedingungen von zunehmend globalen, verflochtenen und hochdynamischen Märkten zu Entscheidungen in komplexen Handlungsräumen geworden. Über diese Entscheidungskontexte wirkt sich Umfeldkomplexität, wie sie in den vorherigen Abschnitten beschrieben wurde, unmittelbar auf Führungsaufgaben aus und verändert die Anforderungen, die an kompetentes Handeln in diesen Zusammenhängen gestellt werden. Führungskräfte müssen unter diesen Bedingungen handlungs- und entscheidungsfähig bleiben, ohne Komplexität vorschnell und unter Missachtung zentraler Parameter zu reduzieren; und sie müssen über hinreichendes Systemverständnis sowie über angemessene Selbstmanagement- und interaktionsbezogene Kompetenzen verfügen, um Strategien entwickeln zu können, die Komplexität angemessen berücksichtigen.

6.2 Veränderungsprozesse

Ein zweiter Aufgabenbereich von Führung, der in letzter Zeit zunehmend an Bedeutung gewinnt, bezieht sich auf die Gestaltung von Veränderungsprozessen. Diese Veränderungsprozesse, die notwendig wurden, um auf veränderte Bedingungen und Anforderungen schneller reagieren zu können und die in sich immer weiter beschleunigenden Zyklen zu verlaufen scheinen, schaffen nun selbst wiederum komplexe Handlungssituationen innerhalb von Unternehmen mit einer hohen Entwicklungsdynamik.

Führungskräfte sind von diesen Veränderungen in aller Regel selbst betroffen und müssen diese gleichzeitig aktiv mitgestalten. Ihnen fällt vor allem die Aufgabe zu, immer wieder eine Balance zu finden zwischen der Herstellung von Sicherheit und Orientierung durch Verstetigung auf der einen Seite und der Erhöhung von Unsicherheit und Komplexität durch Aufbrechen und beständiges In-Frage-Stellen von Routinen auf der anderen Seite (vgl. Wimmer 1996).

6.3 Gestaltung sozialer Prozesse

Eine dritte Komplexitätsebene ergibt sich aus der wachsenden Komplexität der sozialen Strukturen und Prozesse in Unternehmen. Die Kernaufgaben von Führung – Entscheiden, Planen und Gestalten von Veränderungen – finden in einem sozialen Setting innerhalb des Unternehmens statt, das durch vielfältige, vernetzte und somit ebenfalls komplexe Kommunikations- und Koordinationszusammenhänge gekennzeichnet ist. Auch in der sozialen Sphäre des Unternehmens müssen diese veränderten Bedingungen bei allen Entscheidungen, Planungen und Veränderungsmaßnahmen mitgedacht und einbezogen werden.

Elemente einer neuen Unternehmenskultur 7

Welche Anforderungen ergeben sich zukünftig für Unternehmen? Die Qualifikation von Mitarbeitern und Führungskräften ist ein wichtiger, jedoch nicht der einzige Ansatzpunkt, um Unternehmen besser auf den Umgang mit Komplexität einzustellen. Darüber hinaus werden Veränderungsprozesse notwendig, die aus unserer Sicht als Leitelemente einer veränderten Unternehmenskultur gelten können.

7.1 Komplexität anerkennen und nutzen

Unternehmen müssen zunächst einmal beginnen, Komplexität als konstitutives Merkmal ihres Handlungsraums zu begreifen und anzuerkennen und nicht als Störung eingeschliffener Routinen zu verstehen, die effizientes Funktionieren behindert und daher möglichst schnell beseitigt werden muss. Zu dieser grundsätzlichen Akzeptanz von Komplexität gehören auch eine Bestandsaufnahme, die klärt, an welchen Stellen im Unternehmen welche Art von komplexen Anforderungssituationen entsteht, sowie eine Überprüfung von eingeschliffenen Komplexitätsreduzierungsroutinen, die mehr oder weniger automatisiert als Antwort auf eine Konfrontation mit Komplexität eingesetzt werden.

© Springer Fachmedien Wiesbaden 2015
E. Döring-Seipel, E.-D. Lantermann, *Komplexitätsmanagement*, essentials,
DOI 10.1007/978-3-658-08658-9_7

7.2 Etablierung einer Vertrauenskultur

Komplexe Situationen zeichnen sich gerade dadurch aus, dass sie nicht vollständig planbar, vorhersagbar und kontrollierbar sind. Der Versuch, komplexe Anforderungen durch eine Erhöhung des Kontrollaufwands und durch Etablierung von rigiden Kontrollstrukturen beherrschbar zu machen, ist vor diesem Hintergrund eine Strategie, die nur geringe Erfolgschancen haben dürfte. Aussichtsreicher erscheint die Schaffung einer Vertrauenskultur in Unternehmen, da Vertrauen offenbar auf individueller und organisationaler Ebene eine wirksame Ressource zur Aufrechterhaltung und Stärkung von Handlungsfähigkeit bei der Auseinandersetzung mit Komplexität darstellt:

> Vertrauen befähigt, die Komplexität und Kontingenz menschlichen (und organisationalen) Handelns zu mindern. Vertrauen stärkt so die Handlungsfähigkeit von Akteuren und Institutionen. (Winand und Pohl 1998, S. 248)

> Wo es Vertrauen gibt, gibt es mehr Möglichkeiten des Erlebens und Handelns, steigt die Komplexität des sozialen Systems, also die Zahl der Möglichkeiten, die er (der Akteur) mit seiner Struktur vereinbaren kann, weil im Vertrauen eine wirksame Form der Reduktion von Komplexität zur Verfügung steht. (Luhmann 2000, S. 43)

Vertrauen überbrückt demnach Informations- und Kontrollierbarkeits-Leerstellen und reduziert so Unsicherheit und Komplexität auf ein handhabbares Maß, vor allem dann, wenn das Ausmaß sozialer Differenzierung und die Vielfalt der Verflechtung von wechselseitigen Abhängigkeiten in einer Gesellschaft anwachsen (vgl. Lantermann et al. 2009).

7.3 Führungsanforderungen neu definieren

Ein auch heute noch weit verbreitetes Leitbild eines guten und erfolgreichen Managers in Unternehmen lautet: Bleibe nüchtern, bei kaltem Verstand, handle zweckrational. In den vergangenen Jahrzehnten war es nahezu selbstverständlich, die Kompetenz und Führungsqualifikation von Managern gleichzusetzen mit kühler Sachlichkeit, brillanten Analysefähigkeiten sowie extremer Emotionskontrolle. Dieses Leitbild stellt eine Projektion der immer noch vorherrschenden ökonomischen Theorien zweckrationaler Entscheidungen dar. Eine Konsequenz aus den hier vorgetragenen Argumenten für eine neue Führungskultur dagegen lautet, dass die Anforderungsprofile von Führungskräften unter der Bedingung hoher Komplexität des unternehmerischen Handlungsfeldes nicht nur von deren fachlicher

Exzellenz, sondern zugleich von deren Kompetenzen zur Bewältigung komplexer Herausforderungen definiert werden sollten. Die Zukunftsfähigkeit eines Unternehmens wird, so die Quintessenz dieses Beitrags, in erheblichem Maße davon abhängen, inwieweit es gelingt, eine solche „neue" Führungskultur in der unternehmerischen Praxis zu etablieren und zu verankern.

Abschließende Bemerkungen

Komplexität ist keine einfache Sache – aber auch kein Grund zur Kapitulation. Vielleicht könnte man so die zentrale Botschaft des Textes zusammenfassen, der versucht, einen Bogen zu spannen von der wissenschaftlichen Auseinandersetzung mit Komplexität innerhalb der psychologischen Forschung zur Realität moderner Unternehmen und den damit verbundenen Anforderungen. Wenn einfache Lösungen für komplexe Probleme mit einiger Wahrscheinlichkeit in Zukunft zunehmend versagen werden, so lassen sich doch Ansatzpunkte für die Veränderung von Unternehmen und die Weiterentwicklung von Führungskräften aufzeigen, die die Chancen für eine erfolgreiche Bewältigung komplexer Anforderungen verbessern und so zur Prosperität von Unternehmen beitragen können.

© Springer Fachmedien Wiesbaden 2015
E. Döring-Seipel, E.-D. Lantermann, *Komplexitätsmanagement*, essentials,
DOI 10.1007/978-3-658-08658-9

Was Sie aus diesem Essential mitnehmen können

- Wachsende Komplexität innerhalb und außerhalb des Unternehmens wird von den Mitarbeitern als eine hohe Verunsicherung und eine Bedrohung ihrer Handlungsfähigkeit erlebt.
- Die Tendenz, auf eine bedrohliche Komplexität mit Strategien der Komplexitätsreduzierung zu reagieren, ist zwar psychologisch nachvollziehbar, birgt aber die Gefahr, die Unternehmensziele aus den Augen zu verlieren.
- Strategien der Komplexitätsreduzierung sind häufig mit vermeidbaren Denk- und Handlungsfehlern verbunden.
- Ob Komplexitätsmanagement in Unternehmen gelingt, hängt auch von spezifischen Führungskompetenzen ab.
- Komplexität stellt eine zentrale Herausforderung dar, auf welche Unternehmen mit einem Bündel an erfolgversprechenden Strategien antworten können.

© Springer Fachmedien Wiesbaden 2015
E. Döring-Seipel, E.-D. Lantermann, *Komplexitätsmanagement*, essentials,
DOI 10.1007/978-3-658-08658-9

Literatur

Ashby, W. R. (1956). *An introduction to cybernetics*. London: Wiley.

Badke-Schaub, P. (1993). Denken und Planen als soziale Prozesse. In S. Strohschneider & R. von der Weth (Hrsg.), *Ja, mach nur einen Plan. Pannen und Fehlschläge – Ursachen, Beispiele, Lösungen* (S. 51–67). Bern: Huber.

Baecker, D. (1998). Einfache Komplexität. In H. W. Ahlemeyer & R. Königswieser (Hrsg.), *Komplexität managen, Strategien, Konzepte und Fallbeispiele* (S. 17–50). Frankfurt a. M.: FAZ.

Boos, M. (1998). „Einer für alle", „jeder für sich" oder „mit den Augen der anderen". Führung und Zusammenarbeit in Gruppenentscheidungen. In E. Ardelt-Gattinger, H. Lechner, & W. Schlögel (Hrsg.), *Gruppendynamik. Anspruch und Wirklichkeit der Arbeit in Gruppen* (S. 84–95). Göttingen: Hogrefe.

Döring-Seipel, E., & Lantermann, E.-D. (2012). Komplexität – eine Herausforderung für Unternehmen und Führungskräfte. In S. Grote (Hrsg.), *Zukunft der Führung* (S. 153–171). Berlin: Springer.

Dörner, D. (1989). *Die Logik des Misslingens. Strategisches Denken in komplexen Situationen*. Hamburg: Reinbek.

Franke, G., & Selka, G. (2003). *Strategische Handlungsflexibilität (Bd. 2): Komplexität erkennen und bewältigen – Training für komplexe berufliche Handlungssituationen*. Bonn: Bundesinstitut für Berufsbildung.

Funke, J. (2003). *Problemlösendes Denken*. Stuttgart: Kohlhammer.

Lantermann, E.-D., Döring-Seipel, E., Eierdanz, F., & Gerhold, L. (2009). *Selbstsorge in unsicheren Zeiten. Resignieren oder Gestalten*. Weinheim: Beltz PVU.

Lantermann, E.-D., Döring-Seipel, E., Seip, M., & Vaupel, A. (2014). Theorie- und anforderungsbasierte Potenzialanalysen in Unternehmen: Konzept und Empirie. *Wirtschaftspsychologie, 16*(1), 104–112.

Luhmann, N. (1970). Soziologische Aufklärung. In N. Luhmann (Hrsg.), *Soziologische Aufklärung 1: Aufsätze zur Theorie sozialer Systeme* (S. 66–91). Opladen: Westdeutscher Verlag.

Luhmann, N. (2000). *Vertrauen. Ein Mechanismus zur Reduktion sozialer Komplexität*. Stuttgart: UTB.

Otto, J., & Lantermann, E.-D. (2005). Individual differences in emotional clarity and complex problem solving. *Imagination, Cognition, and Personality, 25*, 3–24.

© Springer Fachmedien Wiesbaden 2015

E. Döring-Seipel, E.-D. Lantermann, *Komplexitätsmanagement*, essentials,

DOI 10.1007/978-3-658-08658-9

Otto, J. H., Döring-Seipel, E., & Lantermann, E.-D. (2002). Zur Bedeutung von subjektiven emotionalen Intelligenzkomponenten für das komplexe Problemlösen. *Zeitschrift für Differentielle und Diagnostische Psychologie, 23*(4), 417–433.

Schaub, H. (2001). *Persönlichkeit und Problemlösen: Persönlichkeitsfaktoren als Parameter eines informationsverarbeitenden Systems*. Weinheim: Beltz/PVU.

Schoeneberg, K. P. (2014). Komplexität – Einführung in die Komplexitätsforschung und Herausforderungen für die Praxis. In K.-P. Schoeneberg (Hrsg.), *Komplexitätsmanagement in Unternehmen* (S. 13–27). Berlin: Springer.

Schulz, S., & Frey, D. (1998). Wie der Hals in die Schlinge kommt: Fehlentscheidungen in Gruppen. In E. Ardelt-Gattinger, H. Lechner, & W. Schlögel (Hrsg.), *Gruppendynamik. Anspruch und Wirklichkeit der Arbeit in Gruppen* (S. 139–158). Göttingen: Hogrefe.

Schulz-Hardt, S. (1997). *Realitätsflucht in Entscheidungsprozessen. Vom Groupthink zum Entscheidungsautismus*. Göttingen: Hogrefe.

Strohschneider, S., & von der Weth, R. (1993). *Ja, mach nur einen Plan. Pannen und Fehlschläge – Ursachen, Beispiele, Lösungen*. Bern: Huber.

Wagener, D. (2001). *Psychologische Diagnostik mit komplexen Szenarios*. Lengerich: Pabst Science Publishers.

Wetzel, J. (1998). Problemlösen in Gruppen: miteinander ist besser als gegeneinander. In E. Ardelt-Gattinger, H. Lechner, & W. Schlögel (Hrsg.), *Gruppendynamik. Anspruch und Wirklichkeit der Arbeit in Gruppen* (S. 113–126). Göttingen: Hogrefe.

Wimmer, R. (1996). Die Zukunft von Führung. Brauchen wir noch Vorgesetzte im herkömmlichen Sinn? *Organisationsentwicklung, 4*(96), 46–57.

Winand, U., & Pohl, W. (1998). Die Vertrauensproblematik in elektronischen Netzwerken. In J. Link (Hrsg.), *Wettbewerbsvorteile durch Online Marketing* (S. 243–259). Stuttgart: Schäffer-Poeschel.

Zum Weiterlesen

Badke-Schaub, P., Hofinger, G., & Lauche, K. (2011). *Human Factors – Psychologie sicheren Handelns in Risikobranchen*. Heidelberg: Springer.

Grote, S. (2012). *Zukunft der Führung*. Berlin: Springer.

Lesen Sie hier weiter

Sven Grote (Hrsg.)

Die Zukunft der Führung

2012, XIV, 655 S. 80 Abb.
Hardcover: € 99,95
ISBN 978-3-642-31051-5

Änderungen vorbehalten.
Erhältlich im Buchhandel oder beim Verlag.

Einfach portofrei bestellen:
leserservice@springer.com
tel +49 (0)6221 345-4301
springer.com

Springer Gabler